Todo lo que necesitas saber sobre

Los peligros del tatuaje y el body piercing

Los tatuajes son con frecuencia símbolo de orgullo y rebelión entre ciertos grupos.

Todo lo que necesitas saber sobre
Los peligros del tatuaje y el body piercing

Laura Reybold

Traducción al español
Mauricio Velázquez de León

The Rosen Publishing Group, Inc.
Editorial Buenas Letras™
New York

El autor desea expresar su agradecimiento a Inferno Body Piercing y Olde City Tattoo por su asistencia en la realización de este libro.

Published in 1996, 1998, 2001 by The Rosen Publishing Group, Inc.
29 East 21st Street, New York, NY 10010

First Edition in Spanish 2002
Revised English Edition 2001

Library of Congress Cataloging-in-Publication Data

Reybold, Laura.
Los peligros del tatuaje y el body piercing / por Laura Reybold; traducción al español Mauricio Velázquez de León
p. cm.—(Todo lo que necesitas saber)
Includes bibliographical references and index.
Summary: Presents a history of body piercing and tattooing before discussing the risks and consequences involved.
ISBN 0-8239-3579-5
1. Body piercing—Health aspects—Juvenile literature. 2. Tattooing—Health aspects—Juvenile literature. 3. Spanish language materials. [1. Body piercing. 2. Tattooing.] I. Title II. The Need to Know Library (New York, N.Y.)
RD119.5N82R48 1998
617.9'5—dc20

95-20227

Manufactured in the United States of America

Contenido

Introducción

Durante muchos años, los tatuajes y el body piercing fueron asociados a personajes al margen de la sociedad tales como esclavos, exconvictos, piratas, marineros y pandilleros. En la actualidad, sin embargo, forman parte de una cultura dominante y celebridades como Drew Barrymore, Johnny Depp, Dennis Rodman, Michael Jordan, Elle MacPherson, Steven Tyler, Cher y Madonna han adoptado estos estilos alternativos. Incluso hombres de negocios, abogados y políticos, lucen hoy tatuajes y body piercings.

En los últimos veinte años el número de salones de tatuaje a nivel nacional ha aumentado de 300 a más de 4000, y se estima que más de 10 millones de estadounidenses tienen al menos un tatuaje en su cuerpo.

Quien se hace un tatuaje o piercing comparte una tradición ancestral en la que diferentes personas han decorado sus cuerpos de formas muy diversas, dependiendo de su cultura, de la época en que vivieron y de sus creencias personales.

Los tatuajes y el body piercing se han realizado durante siglos como parte de ceremonias religiosas o espirituales; para celebrar una etapa o persona importante; como manifestación de posición social; como forma de atracción física; como reencuentro con el cuerpo tras alguna experiencia especialmente traumática, o simplemente para diferenciarse de los demás. Hoy en día, mucha gente se siente atraída hacia el arte corporal sólo por tratarse de una moda.

¿Estás considerando hacerte un tatuaje o un piercing? Si es así, deberás pensar muy bien tu decisión. Los tatuajes y piercings pueden dejar marcas permanentes en tu cuerpo. Mientras las tendencias de la moda vienen y van, tu decoración corporal podría permanecer contigo para siempre.

Además, tatuarte o hacerte un piercing representa serios riesgos para la salud. Ambos procedimientos perforan tu piel, poniendo a tu cuerpo en una posición vulnerable de infecciones y enfermedades.

Puedes reducir estos riesgos si visitas a un profesional que trabaje en un ambiente sanitario y mantienes una higiene propicia mientras sana la zona afectada. De cualquier manera, aunque tomes los cuidados necesarios, cualquier tatuaje o piercing puede provocar alguna molestia física o infectarse.

La popularidad de los tatuajes se ha incrementado gracias a celebridades como Johnny Depp, Drew Barrymore (fotografía central) y el deportista Dennis Rodman.

Este libro te alertará sobre los riesgos y consecuencias de hacerte un tatuaje o piercing. En él aprenderás cómo deben ser realizados y las precauciones que debes tomar para reducir riesgos para tu salud. También revisará los tratamientos para remover un tatuaje o piercing, y finalmente, te presentará algunas opciones que te pueden ayudar a participar de esta moda sin necesidad de marcar tu cuerpo de forma permanente.

Los tatuajes y piercings pueden ser un compromiso para toda la vida. Es importante conocer los hechos y los riesgos que involucran. Tomar una decisión segura y bien informada te dejará satisfecho tanto ahora como en el futuro.

Capítulo 1

La historia y el proceso del tatuaje

El tatuaje es un método de decoración permanente de la piel que se realiza insertando tintas o pigmentos de colores con una aguja o algún otro instrumento puntiagudo bajo la segunda capa de la piel, o epidermis. La palabra tatuaje viene de *tatu* que en tahitiano significa golpear o marcar algo. El tatuaje ha tenido diferentes significados en muchas culturas distintas. Se ha usado para expresar devoción religiosa; celebrar ritos de iniciación; demostrar tolerancia o dolor; pertenencia a tribus, familias, pandillas, o unidades militares; para identificar prisioneros; o para rebelarse contra la cultura dominante.

Nadie sabe con exactitud cuándo o dónde comenzó la práctica del tatuaje, pero se tiene evidencia de que fue practicado por los egipcios entre los años 4000 y 2000 a.C., de donde se difundió a Grecia, Roma, Persia, China, Japón, las Islas del Pacífico y Nueva Zelanda. Además existe evidencia de que las tribus celtas y los invasores vikingos introdujeron el tatuaje a la Gran Bretaña antes de que la "práctica barbárica" fuese prohibida por el papa Adriano I en el año 787 d.C.

Tras siglos de desaparición, el tatuaje fue re-integrado a la Gran Bretaña y el resto de Europa en 1691 cuando el explorador británico William Dampier regresó de su viaje por los mares del sur. Durante su travesía, Dampier conoció a un hombre con el cuerpo completamente cubierto de tatuajes y lo llevó a Inglaterra para ponerlo en exhibición. Ochenta años más tarde, otro explorador inglés, el Capitán Cook, regresó a Londres con un hombre polinesio con el cuerpo cubierto de tatuajes. Estos hombres provocaron una sensación tan grande en Londres que las clases nobles de Inglaterra comenzaron rápidamente a hacerse pequeños tatuajes.

Muy pronto los duques, reyes, e incluso la madre de Sir Winston Churchill comenzaron a tatuarse. Como resultaban muy costosos, los tatuajes se convirtieron en un arte para la elite. Sin embargo, en 1981, Samuel O'Reilly patentó la primera máquina eléctrica de tatuaje. El precio disminuyó rápidamente y se hicieron más accesibles para el hombre común. En el momento en el que prácticamente cualquiera podía hacerse un tatuaje, las clases altas comenzaron a perder interés, y el tatuaje comenzó a asociarse con las clases desprotegidas.

El tatuaje en los Estados Unidos

Para 1897 el tatuaje había llegado a los Estados Unidos, donde las personas tatuadas se convirtieron de inmediato en una atracción en las ferias. Durante los siguientes cincuenta años el número de individuos tatuados en los Estados Unidos creció a un ritmo constante. Los militares tenían tatuajes que representaban el lugar donde prestaban servicio, jóvenes enamorados declaraban su amor a través de tatuajes, e hijos devotos exhibían la palabra "Mamá" en sus brazos. Los artistas del tatuaje, o tatuadores, incrementaron la selección de diseños, conocidos como *flash* que exhibían en sus estudios. Un *flash*, era vendido en series que podían ser reproducidas legalmente en plantillas y cuerpos. En nuestros dias los *flash* continúan vendiéndose de la misma manera.

En la actualidad, tatuarse es ilegal en algunas comunidades de los Estados Unidos, debido principalmente a la posibilidad de propagación de infecciones a través de agujas y pigmentos contaminados.

En otras comunidades se limita a personas mayores de 18 años de edad. En aquellos lugares donde tatuarse es legal, existe muy poca, o ninguna restricción por parte del gobierno para los tatuadores y sus instalaciones. Esto significa que puede haber muchos tatuadores incompetentes o sin escrúpulos, o "*scratchers*", que no cumplen con las precauciones de seguridad al tatúar a sus clientes. Un tatuaje coloca a tu cuerpo frente a potenciales infecciones, enfermedades y cicatrices. Por eso es muy importante que sepas lo que puedes esperar del proceso y cuides tu salud.

¿Cómo se realiza un tatuaje?

Un artista del tatuaje responsable discute primero el diseño y la colocación del tatuaje con su cliente y contesta cualquier pregunta que éste pueda tener. Si el cliente lo solicita, el tatuador debe estar dispuesto a mostrar las instalaciones del estudio y el equipo de esterilización.

Cuando el cliente toma una decisión, el tatuador comienza marcando una plantilla o calcando el diseño. El diseño puede ser modificado o rehecho si el cliente no queda satisfecho. Entonces se coloca la plantilla sobre la piel del cliente y se deja una réplica del diseño. El tatuador sigue el trazo con una máquina llamada *outliner*, que utiliza agujas para inyectar tinta bajo la piel. En este procedimiento puede haber mucho sangrado. Después el artista del tatuaje matiza y colorea el diseño utilizando un *shader*. Cuando el tatuaje ha sido acabado, el tatuador debe darle al cliente un panfleto con las instrucciones sobre su cuidado.

Un tatuador profesional debe estar dispuesto a contestar las preguntas de su cliente y discutir sus preocupaciones sobre la seguridad.

Aunque con el paso de los años se han realizado muchas modificaciones en la máquina de Samuel O´Reilly, la mayoría de los tatuadores siguen utilizando una máquina eléctrica basada en la original. Además en años recientes el proceso se ha refinado y se ha hecho más seguro e higiénico. Una parte esencial de cualquier salón de tatuaje responsable es la autoclave, que esteriliza el instrumental por medio de vapor a presión. Sumergir las agujas en agua hirviendo o frotarlas con desinfectantes no acabará con todos los virus y bacteria por lo que todos los instrumentos deben ser debidamente esterilizados en la autoclave.

Si un tatuador no esteriliza adecuadamente su equipo, corres el riesgo de contraer una infección. La hepatitis puede transmitirse a través del uso de agujas sin esterilizar, lo mismo que el virus simple de la herpes, o incluso el VIH, el virus que causa el SIDA. Además, el tatuador debe utilizar guantes de látex para asegurar una higiene apropiada.

Por ahora, no ha habido reportes médicos de infección de VIH a través de tatuadores profesionales. Aun así, los doctores advierten sobre la posibilidad de contraer este virus por medio de prácticas inseguras, y recomiendan tener un especial cuidado al respecto.

Distintas asociaciones de tatuadores independientes trabajan para hacer del tatuaje una práctica segura. Uno de estos grupos es la Asociación de Tatuadores Profesionales (APT por sus siglas en inglés). La APT organiza conferencias para actualizar a los artistas del tatuaje en información sobre técnicas de esterilización y distribuye guías entre los tatuadores en relación al control de enfermedades. Si decides hacerte un tatuaje, hazlo en un salón que pertenezca a la APT o a la Asociación Nacional de Tatuadores (NTA por sus siglas en inglés).

Escarificación

La escarificación es otra forma de decoración corporal ancestral que se hace cada día más popular en los Estados Unidos.

La escarificación es la creación intencional de cortaduras o incisiones (cicatrices) en el cuerpo con motivos decorativos. Aunque la escarificación ha sido practicada con mayor frecuencia en África, Australia, y Nueva Guinea, recientemente se ha convertido en una de las últimas tendencias entre las comunidades más radicales de arte corporal de los EEUU. Algunas investigaciones muestran que un alto porcentaje de quienes se hacen escarificaciones en su cuerpo son jóvenes que han sufrido algún tipo de abuso y buscan recuperar el control sobre sus cuerpos.

Existen dos tipos básicos de escarificación: por corte o por marca. Por corte significa realizar una incisión en la piel con una navaja delgada para producir una cicatriz permanente. La piel se corta de tal forma que la cicatriz se asemeja a un símbolo, una palabra o un diseño. En ocasiones se frota la herida con tinta, dejando una cicatriz coloreada. Aquellos que desean una cicatriz más prominente frotan algún irritante en la herida abierta, como cenizas, vinagre o arcilla.

Por marca, es una escarificación en la cual se quema la piel al contacto con un material caliente, generalmente metálico, que produce una cicatriz con el diseño. Estos procedimientos son realizados por muchos salones acreditados de tatuaje, pero desafortunadamente, muchas personas deciden cicatrizarse ellos mismos, o pedir ayuda a sus amigos. Nunca intentes hacerte una escarificación a ti mismo ni permitas que te la haga un aficionado.

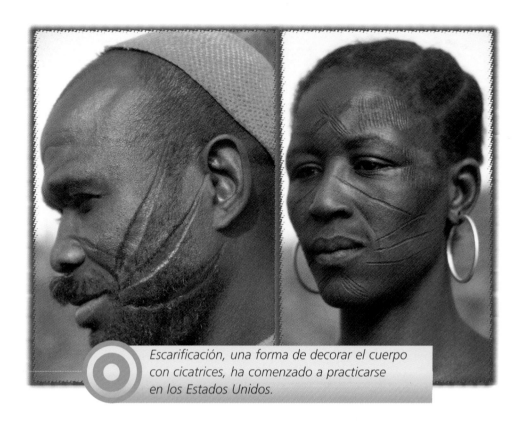

Escarificación, una forma de decorar el cuerpo con cicatrices, ha comenzado a practicarse en los Estados Unidos.

Al igual que con los tatuajes, los peligros principales de la escarificación son las enfermedades de transmisión sanguínea como el VIH, la hepatitis B y C, la sífilis y otras. Además, la escarificación puede provocar cambios en el color de la piel alrededor de la cicatriz y el desarrollo de queloides, que son abultamientos de la piel. Tal y como sucede con los tatuajes y piercings, todo el instrumental utilizado en la escarificación debe ser esterilizado, y el procedimiento debe ser realizado por un profesional que utilice guantes de látex en un ambiente sanitario.

Capítulo 2

La historia y el proceso del body piercing

La historia del body piercing no se encuentra tan documentada como la del tatuaje. Pero la práctica consistente en realizar una perforación a través de la piel e insertar un anillado de metal, hueso, concha, marfil o cristal para usarse como joya, ha existido por miles de años. El rostro es el área más común para las perforaciones; sin embargo, a través de la historia y en diferentes culturas, muchas otras partes del cuerpo se han perforado.

Ornamentos en perforaciones de las orejas, la nariz y los labios se han encontrado en los cementerios incas del Perú, en las civilizaciones azteca y maya en México, y en pueblos de Asia Central y el Mediterráneo.

El piercing se asociaba con la realeza y era un signo de fuerza y valor. En Egipto, los faraones se perforaban el ombligo para demostrar su aristocracia. Los soldados romanos se adornaban los pezones como símbolo de coraje y lealtad al emperador. Los sacerdotes de alto rango de los mayas y los aztecas se perforaban la lengua para poder hablar con sus dioses. Entre los tlingit, en el sur de Alaska, un piercing en la nariz se consideraba símbolo de categoría social. En algunas culturas, un piercing en la oreja significaba que la persona era adinerada. Muchos marineros solían perforarse las orejas creyendo que con eso mejoraría su visión.

El body piercing continúa practicándose en todo el mundo, tanto en hombres como en mujeres y niños. En los Estados Unidos, la práctica se ha desarrollado desde inicios del siglo veinte, cuando los aretes entre las mujeres comenzaron a ser populares. Actualmente, el piercing de las orejas es la forma más común en los EEUU, y se ha convertido en parte de la cultura dominante en hombres y mujeres de todas las edades. En los años ochenta se hizo común que hombres y mujeres se hicieran múltiples piercings en las orejas, y para la década de los noventa, comenzó a aparecer una gran variedad de perforaciones corporales.

Piercings de nariz, cejas, labios, lengua, mejilla, y ombligo se han convertido en una nueva manifestación de la moda.

Hacerse un piercing en la oreja ha sido práctica común por muchos años, pero perforarse otras partes del cuerpo ha comenzado a ganar popularidad en los Estados Unidos.

Como cualquier otra manifestación, el body piercing podría pasar de moda. Pero a diferencia de un par de viejos jeans que puedes guardar en el desván, el piercing es parte de tu cuerpo y puede tener efectos permanentes. Por eso vale la pena considerar algunas alternativas, tales como la joyería corporal que aparenta ser un piercing, sin necesidad de realizar perforaciones.

Existen muy pocas regulaciones por parte del gobierno acerca del body piercing y muy pocas autoridades locales inspeccionan los establecimientos de piercing. Por eso resulta esencial que cuides tu propia salud.

El proceso del piercing

Toda perforación corporal debe ser realizada por un profesional, y nunca por alguien que no cuenta con el entrenamiento adecuado. Un piercing mal realizado puede producir lesiones permanentes en órganos y tejidos nerviosos o musculares.

Es esencial que todo el instrumental sea esterilizado, incluso las agujas desechables. Existe la posibilidad de contraer VIH, hepatitis B, tuberculosis, sífilis y otras enfermedades por una aguja no esterilizada. Contraer cualquiera de estas enfermedades es peligroso, pero el riesgo de contraer VIH es el más importante de todos porque éste es el virus que causa el SIDA, para el cual no existe cura conocida. Por eso, una autoclave debe ser parte del equipo en todo salón de piercing. Nunca uses un salón que no la tenga.

Las perforaciones corporales son practicadas de manera distinta de acuerdo a cada zona del cuerpo. Las "pistolas" de piercing son apropiadas sólo para las orejas, y casi todos los demás son practicados con agujas especiales. En ocasiones se utiliza anestesia local, dependiendo del área que será perforada, pero generalmente no se usa nada para disminuir el dolor.

Algunas perforaciones, incluyendo aquellas en el ombligo se realizan usando una abrazadera quirúrgica. El piercer limpia el área con un desinfectante y marca dos puntos en el lugar que será perforado. Un punto

El piercer dibuja unos puntos en la piel del cliente para saber por dónde entrará y saldrá la aguja.

señala el lugar por donde entrará la aguja al cuerpo, y el otro el lugar de salida. Entonces el área es sujetada, jalando la piel que será perforada del resto del cuerpo. Esto elimina la posibilidad de perforar accidentalmente tejido vital. Los piercing en la nariz, como la mayoría de los piercing en el rostro, son realizados con una aguja.

Las joyas para los piercings deben ser especialmente diseñadas. Los aretes generalmente sólo son apropiados para las orejas, y no para otro tipo de piercings. Doug Mally y Jim Ward, a quienes se les adjudica la popularidad del piercing moderno, diseñaron toda una línea de joyería corporal en los años setenta. Joyas con forma de anillo se insertan en los piercings del ombligo.

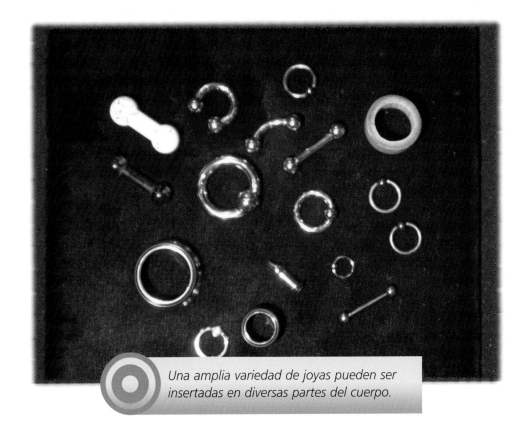
Una amplia variedad de joyas pueden ser insertadas en diversas partes del cuerpo.

La joyería corporal se encuentra disponible en diferentes tamaños que son apropiados para ciertas perforaciones. Las joyas deben estar hechas de oro de 14 quilates, acero quirúrgico o titanio. Otros metales que se utilizan con frecuencia en la fabricación de joyas, incluyendo, plata, níquel y cobre no deben ser insertados en una perforación reciente debido a que son metales que no promueven la cicatrización y pueden provocar infecciones. Sin embargo, una vez que la perforación ha sanado, podrás utilizar piezas de acrílico, pírex, plástico o de madera.

También es posible que una persona tenga una reacción alérgica, en forma de sarpullido o infección al oro o al acero quirúrgico. Si éste es el caso, significa que tu cuerpo es muy sensible a objetos extraños y no es adecuado para el piercing. Si sabes que padeces de alguna alergia a algún metal, como al níquel, es mejor que lo evites.

Piercings extremos: los implantes

Por radical que parezcan los piercings en la nariz, lengua, ombligo o cejas, siempre existe algo nuevo que vuelve a definir la frontera entre lo familiar y lo escandaloso. El mundo del arte corporal no es muy diferente, y en los años recientes una forma extrema de "modificación corporal" ha surgido en los Estados Unidos: los implantes.

Actualmente existen tres tipos de implantes: cuentas, arte en tercera dimensión (3-D) e implantes transdérmicos.

Con las cuentas lo que se hace es insertar una gran cantidad de pelotillas bajo la piel para crear una variedad de formas, símbolos y diseños. Los implantes en 3-D son similares a los de cuentas, pero incluyen objetos como anillos, cruces, pelotas y barras. A diferencia de las cuentas y los implantes en 3-D, los implantes transdérmicos no se colocan completamente por debajo de la piel. Un extremo atraviesa la piel mientras que el

otro permanece fuera de ella. Algunos implantes transdérmicos son como un *"mohawk metálico"* (una fila de
clavos por encima del cráneo) y tienen cuentas por
encima de la superficie de la piel.

A diferencia de lo que ocurre con los body piercings
estándar, existen muy pocos profesionales calificados
para realizar los implantes y no hay una regulación por
parte del Estado. Un piercer calificado no puede simplemente decidir un día tratar de hacer un implante, ya
que las técnicas del body piercing y los implantes son
completamente distintas. Los implantes son una práctica nueva de arte corporal que se encuentra en su fase
experimental. Hasta que no se desarrollen el tipo de
procedimientos operativos y estándares profesionales
típicos de la comunidad del body piercing, no es
recomendable hacerse un implante.

Aun así, si algún día decides realizarte un implante,
asegúrate de hacerlo con un profesional que trabaje con
guantes de látex e instrumentos adecuadamente esterilizados en un ambiente sanitario. Tal y como sucede
con los piercings, los mayores riesgos de un implante
son la infección, el rechazo de tu cuerpo y las reacciones
alérgicas.

Capítulo 3

Un compromiso de por vida

Los tatuajes y los piercings estarán contigo el resto de tu vida, dejando al menos una cicatriz o perforación en tu cuerpo. Con el tiempo los gustos de las personas cambian con mucha frecuencia. La moda también cambia. ¿Qué pasaría si te cansaras de tu tatuaje o piercing? ¿Qué pasaría si se convierten en una moda mal vista de aquí a diez años? ¿Qué pasaría si en algunos años se te complica encontrar trabajo debido a tu tatuaje o piercing?

Otra consideración que debes tomar en cuenta es que los tatuajes y piercings no son aceptables en ciertas situaciones. Por ejemplo en los centros de trabajo, donde algunas personas los consideran como algo poco profesional.

Aunque los tatuajes y el body piercing han ganado aceptación en nuestra cultura, aún siguen siendo inaceptables en muchos centros de trabajo.

No deberás quitarte las joyas cada vez que vayas a trabajar, ya que incluso los piercing más viejos pueden cerrarse. Por eso, antes de hacerte un piercing pregunta a tu supervisor cuál es la política de la empresa sobre decoraciones corporales. Con o sin razón, muchos patrones consideran que los piercings o los tatuajes reflejarán tus hábitos de trabajo. Además podría preocuparles cómo reaccionarán los clientes ante tu decoración corporal. Sólo para estar seguro, pregunta a tu jefe sobre las reglas de la compañía antes de gastar tu dinero y poner en riesgo tu trabajo por culpa de un tatuaje o piercing. ¿Qué puedes hacer si te cansas de que otras personas te juzguen como irresponsable o poco profesional debido a tu declaración de moda?

Aunque existen formas de quitarlos, los tatuajes y piercings, siempre dejarán marcas en tu cuerpo y no existe procedimiento que le devuelva a tu piel su condición original. Es muy útil pensar a dónde quieres llegar en el futuro antes de que decidas hacerte un tatuaje o piercing, ya que ambos son procedimientos permanentes que no pueden ser eliminados por completo.

Quitar un piercing

Muchas personas creen erróneamente que si quitas la joya de un piercing la perforación sanará y cerrará por completo. Esto no es verdad. Una vez que ha sanado, la perforación es permanente, y con joya o sin ella, tendrás un hoyo en tu cuerpo. Los piercings en el rostro o el ombligo tienden a verse poco atractivos sin la joyería. Mientras tú puedes elegir dejar de usar joyería si te cansas de tu piercing, tendrás que seguir viviendo con una perforación visible en tu cuerpo.

Algunas veces un cirujano plástico puede realizar cirugía microscópica para remover el tejido perforado, y usando una sutura ultrafina, cerrar la nueva herida. De cualquier forma la cirugía plástica suele ser bastante costosa.

Quitar un tatuaje

Se dice que un tatuaje es para siempre, pero tú podrías cambiar de opinión. Quizá tu tatuaje fue arruinado por un tatuador aficionado o un profesional descuidado. O quizá hayas dejado de creer en el tatuaje en tu piel o no estés enamorado o enamorada de la persona cuyo nombre has impreso en tu piel. A lo mejor estás buscando trabajo y te preocupa que tu tatuaje pueda disminuir tus oportunidades. No te preocupes, no eres el único con este problema. Algunos especialistas en borrar tatuajes estiman que al menos la mitad de las personas tatuadas terminan por arrepentirse. La buena noticia es que las nuevas técnicas láser para borrarlos son más efectivas y tienen menos efectos secundarios, como cicatrización, que los métodos tradicionales. Pero la cirugía láser es muy costosa, lleva varios meses y podría no desaparecer el tatuaje por completo. Desafortunadamente el procedimiento es muy complicado, por lo que no esperes entrar con el tatuaje, recibir un tratamiento, y salir de ahí sin dolor, sin cicatrices y sin rastros del tatuaje.

La experiencia solía ser muy dolorosa, dejaba cicatrices y no removía por completo el tatuaje. Lo que se hacía era lijar el tatuaje utilizando ácido, sal, papel de lija, o cortar la piel con un bisturí. A inicios de los años ochenta se comenzaron a usar los rayos láser para quitar tatuajes, haciendo el proceso más efectivo y menos doloroso. El láser utilizado con mayor frecuencia era el láser CO_2. Un rayo láser se apuntaba al área tatuada, raspando la capa superior de la piel y exponiendo la segunda capa, que es donde se encuentra el tatuaje.

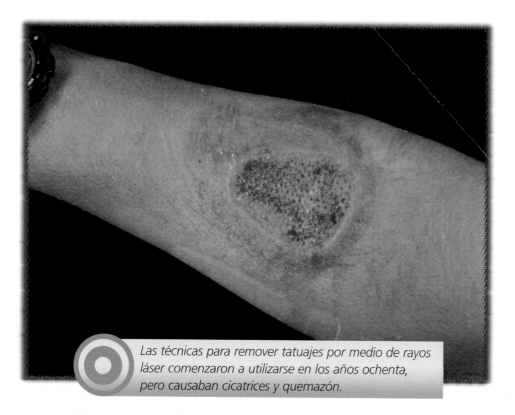

Las técnicas para remover tatuajes por medio de rayos láser comenzaron a utilizarse en los años ochenta, pero causaban cicatrices y quemazón.

Entonces se eliminaba el pigmento por medio de químicos. La ventaja de este tipo de láser era que los tatuajes solían removerse en una sola sesión. Pero debido a que el rayo láser se encontraba en contacto continuo con la piel, con frecuencia se producían quemaduras de segundo grado y cicatrices.

En tiempos recientes, nuevos procedimientos para remover tatuajes se han desarrollado utilizando láser "Q-Switching", que lanza su rayo en cortos pero fuertes estallidos que no lesionan la superficie de la piel, pero logran eliminar el pigmento por debajo de la superficie cutánea. Existen tres clases principales de láser Q-Switching, y cada uno funciona mejor para ciertos colores. Los pigmentos rojo, negro y azul son los más sencillos de borrar; naranja y púrpura son un poco más difíciles; verde y amarillo resultan muy complicados, y es posible que nunca se borren por completo.

La mayoría de los especialistas en remover tatuajes opinan que no es posible una completa extracción. Una buena proporción sería pensar que el 95% del tatuaje se borrará si lo hace un profesional calificado.

Existen otros inconvenientes al quitar un tatuaje con láser. En promedio, la mayoría de los pacientes requieren de cuatro a ocho tratamientos espaciados al menos de cuatro a seis semanas de diferencia. Además el procedimiento puede resultar muy costoso. Dependiendo del número de visitas que necesites, y del tipo, tamaño y zona del cuerpo donde se encuentre el tatuaje, el costo varía entre $500 y $2000 dólares, y difícilmente será cubierto por tu seguro médico.

Aunque no es tan doloroso como hacerse el tatuaje, removerlo resulta también bastante doloroso. El dolor producido por el láser se ha comparado con el producido por el golpe de una liga delgada, o como ser salpicado con gotas de grasa de tocino frito. Los efectos secundarios de la cirugía láser son poco frecuentes, pero pueden incluir tanto falta como exceso de color de la piel en la zona donde se encontraba el tatuaje, infección, cicatrización y eliminación incompleta de los pigmentos.

El futuro de la eliminación de tatuajes es optimista. Nuevas técnicas y mejores láser se encuentran en desarrollo y removerán mayores porciones del tatuaje de forma más rápida y a menor costo. Sin embargo, es poco probable que algún día se convierta en un procedimiento fácil y barato. Antes de que decidas hacerte un tatuaje, debes recordar que está hecho para permanecer por siempre. Considerando el gasto, el dolor, la inseguridad y la espera en la remoción con láser, realmente debes pensar sobre tu decisión de tatuarte y los riesgos que involucra. Además considera que el arte corporal podría estar ahí para siempre, sin importar qué clase de situación social, relación romántica u oportunidad de trabajo encuentres en el futuro. La expresión de arte corporal que decidas el día de hoy, podría no reflejar lo que serás dentro de diez años.

Capítulo

4

Lo que necesitas saber

Si has decidido hacerte un tatuaje o piercing, pensado lo que costará, la imagen o joya que llevarás y la zona de tu cuerpo en donde lo deseas, aun existen algunos puntos que debes tomar en cuenta.

Los tatuajes y piercings no son aceptados, o son considerados tabú, en muchas religiones. Miembros de la fe judía y de algunas denominaciones cristianas no permiten hacerse tatuajes o piercings. Si tu religión prohíbe estas actividades y aún deseas quedar en buenas relaciones, no puedes hacerte un tatuaje o piercing. Pregunta en tu iglesia cuál es la posición de tu religión al respecto.

Además, debes averiguar si es una actividad legal en donde vives. Al momento de escribir este libro, tatuarse era ilegal en estados como Connecticut,

Florida, Oklahoma y Carolina del Sur. Consulta con el departamento de salud de tu estado si el tatuaje es legal en tu comunidad.

En algunas regiones estas actividades pueden ser restringidas a mayores de 18 años. Algunas comunidades permiten que menores de 18 años se tatúen con el consentimiento de un padre o tutor. En este caso, tu padre o tutor tiene que acompañarte durante el procedimiento y llevar una identificación que demuestre su relación o parentesco.

Todas estas leyes existen para proteger tu salud. Pero incluso si las leyes locales te permiten hacerte un tatuaje o body piercing, quizás quieras reconsiderar tus planes. El hecho de que tantos funcionarios de salud prohíban estas prácticas es una clara evidencia de que pueden poner en peligro tu salud y tu vida.

Además, existen diversos problemas médicos, tales como diabetes, anemia, hemofilia y otras enfermedades sanguíneas. Si tienes alguna de estas enfermedades, consulta a tu médico antes de hacerte una decoración corporal permanente.

Cómo elegir el tatuador o piercer

Una vez tomada la decisión, el siguiente paso será elegir el lugar en donde realizarlo. Desafortunadamente, no se exige capacitación formal o certificación para los tatuadores o piercers, y virtualmente cualquiera puede establecerse como tal. El único control por parte del gobierno es sobre las condiciones sanitarias. Esto significa que depende de ti inspeccionar los salones con anticipación y hacer las preguntas adecuadas.

Una forma de comenzar es preguntando a las personas que conoces con tatuajes o piercings bien realizados. Pregúntales dónde se los hicieron y si están satisfechos. Además debes planear una visita a uno o varios salones. El tatuador o piercer debe trabajar en un lugar legítimo, y no en un cuarto escondido y desaseado. El salón debe especializarse únicamente en tatuajes o piercings, debido a que los salones que funcionan simultáneamente como barberías, o tiendas de ropa, libros o música, no suelen contar con personal profesional. El salón debe verse ordenado y oler tan limpio como el consultorio de un médico, y el procedimiento debe realizarse en un cuarto especial y separado.

No tengas miedo de preguntar al tatuador o piercer acerca de su trabajo. Si no estan dispuestos a responder, entonces deberás ir a otro salón. Además, deben mostrarte la carpeta con fotografías de su trabajo.

Pregúntales cómo esterilizan los instrumentos y asegúrate de que todos los objetos utilizados - guantes, joyas, herramientas - han sido esterilizados de forma adecuada. Todas las agujas deben ser nuevas y esterilizadas. Pídeles que te muestren su autoclave, y pregúntales cuándo fue la última ocasión que fue puesta a prueba (debe probarse una vez al mes). Pregúntales

El salón de piercing o tatuaje debe ser tan sanitario como el consultorio de un médico o dentista.

Los buenos tatuadores o piercers tienen una carpeta con fotografías de su trabajo que puede ser revisada por los nuevos clientes.

cómo aprendieron el oficio, y cuánto tiempo llevan haciéndolo. Además, en el departamento de salud de tu localidad deben estar registrados los salones de tatuaje y piercing, y puedes pedir recomendaciones. También puedes revisar el *Better Business Bureau* (Agencia de Mejores Negocios) para saber si hay alguna queja sobre el salón que estás considerando.

Capítulo 5

Falsas expectativas

Muchos adolescentes toman la decisión de tatuarse o hacerse un piercing antes de estar completamente informados sobre los procedimientos y los resultados. Algunos se sorprenden de lo que les costó o del dolor que sintieron. Algunos desconocen la manera de cuidarlos, y se desilusionan cuando el tatuaje se decolora, o cuando un piercing se infecta o rechaza la joya. Recuerda que si no conoces los hechos antes de realizarte el procedimiento, es mucho más probable que quedes desilusionado por la experiencia.

Inconvenientes del tatuaje

Muchas personas están tan emocionadas con la idea de hacerse un tatuaje que no suelen pensar en lo que sucede durante el proceso.

Los tatuajes sencillos toman al menos una hora para realizarse, los más grandes o elaborados requieren muchas horas y el dolor permanece durante todo el procedimiento. No es poco común que algunas personas vomiten, o incluso, que se desmayen. Un tatuador responsable sólo trabaja de 3 a 4 horas por sesión. Generalmente la segunda visita se programa hasta que la primera sección ha tenido tiempo de sanar. Limitando la duración de un procedimiento de tatuaje se reduce el riesgo de enfermedades.

En ciertos casos, raros pero muy serios, algunas personas muy sensibles han entrado en estado de shock durante el procedimiento. La acción de tatuarse rasga la piel, por lo que estás corriendo el riesgo de contraer alguna enfermedad de transmisión sanguínea como VIH, hepatitis B y C y tétanos. Por eso es muy importante asegurarte de que el tatuador esté utilizando agujas y herramientas esterilizadas, así como guantes de látex. Sin la limpieza apropiada y protección contra el sol, el tatuaje puede infectarse o comenzar a desvanecerse. El tatuador debe darte las instrucciones para cuidar tu tatuaje (más información en el capítulo 6). Además podrías ser alérgico a uno o varios de los pigmentos. Si esto sucede, el tatuador tendría que "purgar" ese color y reemplazarlo con uno distinto.

Cuidado de un tatuaje

Puedes reducir las posibilidades de infección y minimizar el descoloramiento de las tintas, siguiendo las recomendaciones del tatuador. Aun así, todos los tatuajes se destiñen considerablemente con el paso del tiempo. La tinta negra se torna azul grisácea, y los colores brillantes se ponen opacos. Esto es normal.

Alguien que no está satisfecho con un tatuaje descolorido puede retocarlo, lo que significa aplicar más tinta en el tatuaje para darle una apariencia fresca. Sin embargo, es recomendable esperar varios años antes de retocarlo, y sólo puede hacerse en un número limitado de ocasiones. Aplicar pigmentos de manera constante en una misma zona del cuerpo puede producir envenenamiento de tinta, una enfermedad rara pero seria que requiere de atención médica.

Desafortunadamente algunas veces se utiliza tinta china en los tatuajes. Muchas personas se sienten atraídos por esta tinta porque es muy negra y no se destiñe. Sin embargo, nunca debes tatuarte con tinta china. La tinta china contiene veneno. Aunque es probable que este veneno no sea mortal, puede enfermarte seriamente. El envenenamiento con tinta china afecta los genes que pasarás a tus hijos, y los defectos en los genes son una de las causas principales de anomalías en el nacimiento.

Inconvenientes del piercing

El piercing tiene algunos de los mismos inconvenientes que el tatuaje. Es intensamente doloroso, y también resulta bastante costoso.

El precio de un piercing varía entre $60 y $100 dólares. Asimismo, un piercing recién aplicado requiere de mucho cuidado para prevenir infecciones.

En promedio un tatuaje requiere de cuatro a seis semanas para sanar, pero un piercing puede tomar mucho más tiempo. Los piercing en la nariz toman de cuatro a seis semanas y los del ombligo de cuatro a seis meses. Es importante que consideres que estos estimados varían de persona a persona.

Mientras un piercing no termine de sanar se sentirá blando y sensible. Una vez sano, las molestias deben desaparecer, pero si la perforación produce comezón constante a pesar de conservarse limpia y seca, o si se pone roja e inflamada, o comienza a salir pus, entonces probablemente se haya infectado. Si esto sucede, visita inmediatamente a un médico.

Los problemas en un piercing dependen del área del cuerpo que ha sido perforada. Los piercings en el cartílago de la parte superior de la oreja toman más tiempo en sanar que los del lóbulo de la oreja debido a que el tejido es distinto y la parte superior de la oreja se roza más contra la cama mientras dormimos. Los pier-

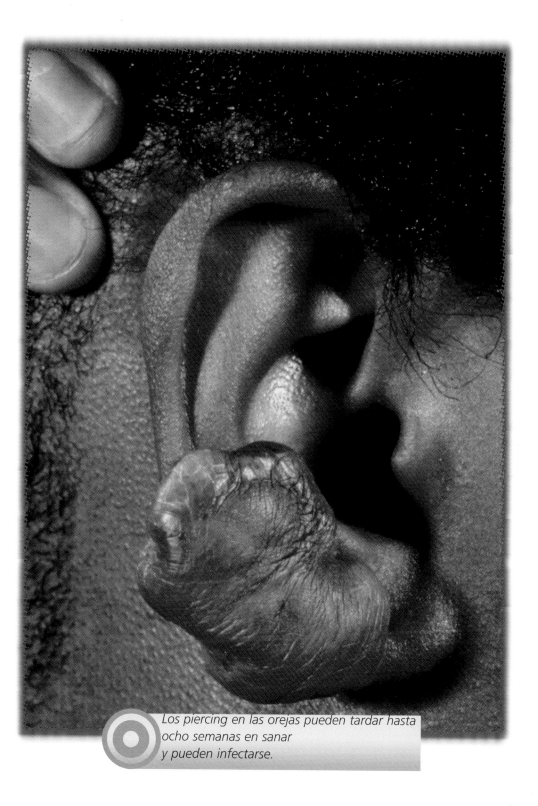

Los piercing en las orejas pueden tardar hasta ocho semanas en sanar y pueden infectarse.

cings en la lengua se inflaman mucho al inicio pero sanan rápidamente debido a que la lengua tiene un buen suministro de sangre que ayuda a combatir la infección. Los piercings en el ombligo se infectan con facilidad debido a que la ropa entallada no permite suficiente circulación de aire y el área permanece húmeda.

Utilizar el tipo incorrecto de joyería puede también provocar infecciones. Si la joya es muy delgada o muy gruesa, tu cuerpo podría rechazarla. Otra posibilidad es la de sufrir una reacción alérgica al metal de algunas piezas de joyería.

Por razones desconocidas, los cuerpos de algunas personas no son apropiados para el piercing, y literalmente los rechazan, incluso si han seguido todas las instrucciones de cuidado (más información en el capítulo 6). En estos casos se desarrolla una infección grave y la joya debe ser extraída. Entonces la perforación sana y se cierra, dejando una cicatriz. Este proceso se conoce como piercing "cerrado". Algunas clases de body piercing tienden a cerrarse con mayor frecuencia que otras. Por ejemplo, el 50 por ciento de los piercing de ombligo tienden a cerrarse. También es posible que tu cuerpo acepte un tipo de piercing y rechace otro. Tu piercing en la nariz puede durar, pero el de la lengua podría cerrarse.

Capítulo 6

Prevenir infecciones

Ya hemos mencionado que un tatuaje o piercing realizado con instrumental no esterilizado puede producir infecciones como hepatitis o VIH. También sabes que el instrumental se esteriliza en una autoclave. Si después de considerar esta información, decides hacerte un tatuaje o piercing, asegúrate de que el instrumental ha sido esterilizado correctamente. Un tatuador o piercer responsable te confirmará la esterilización de todo el instrumental y utilizará agujas nuevas.

Otra medida que puedes tomar para proteger tu salud es asegurarte de que la persona que realiza el procedimiento utilice guantes de látex.

Esto te protege de contraer una infección del tatuador o piercer y lo protege a él de contraer cualquier enfermedad que tú puedas portar. La mayoría de los

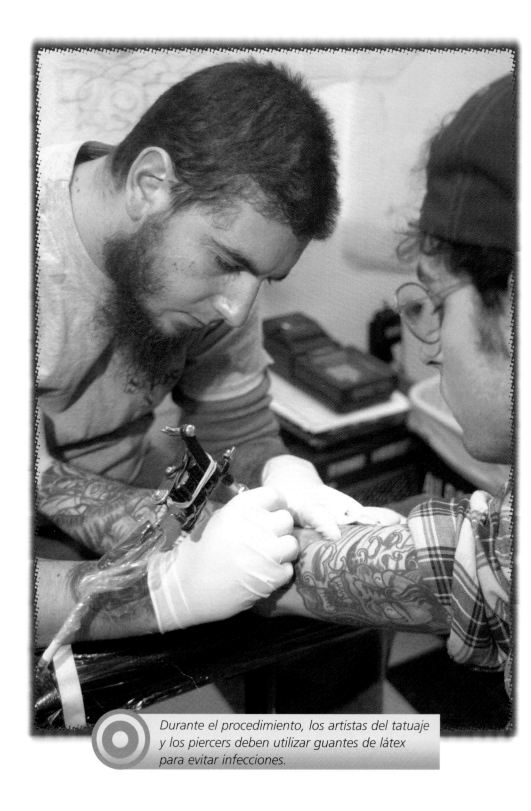

Durante el procedimiento, los artistas del tatuaje y los piercers deben utilizar guantes de látex para evitar infecciones.

tatuadores o piercers utilizan guantes de látex como parte de su rutina, pero si no lo hacen, no tengas miedo de pedirle que los utilice. ¡Es tu salud la que está en juego!

Un tatuaje o piercing recién hecho requiere de mucho cuidado tanto para prevenir infecciones como para ayudarlo a sanar. El profesional que realiza el procedimiento debe revisar estas disposiciones contigo. Es muy importante que las lleves a cabo.

A pesar de tomar todas las precauciones necesarias, es frecuente que surjan infecciones. Incluso las infecciones menores pueden propagarse rápidamente y convertirse en problemas serios. Algunas infecciones como la gangrena pueden acabar con tu vida. Si desarrollas cualquier infección, debes buscar atención médica de inmediato.

Cómo evitar la infección en un tatuaje

Un tatuaje coloca a tu cuerpo en una posición vulnerable a las infecciones. Es extremadamente importante mantener un tatuaje nuevo vendado durante las primeras 24 horas. Es una herida nueva y abierta, y exponerla al aire significa exponerla a una infinidad de agentes infecciosos.

Para evitar infecciones, evita tocar el área lo más posible y no permitas que nadie más lo haga. Una infección en un tatuaje nuevo es un asunto serio que pone en peligro tu salud.

Además una infección pone en riesgo el propio tatuaje, afectando su apariencia, dejando una cicatriz o haciendo que sus colores se vean disparejos.

Al quitar el vendaje debes mojar la gasa en la ducha, lavar el tatuaje con agua y jabón antibacteriano, enjuagarlo muy bien y secarlo con cuidado con una toalla. No utilices alcohol o peróxido para limpiar la herida, ya que podrían secar el tatuaje. Aplica ungüento antibacteriano al menos tres veces al día durante dos o tres semanas en el área del tatuaje. Esto mantendrá suave la costra, evitando que se quiebre o rompa. Recuerda lavarte las manos antes de aplicar el ungüento. Nunca uses Vaseline, u otro producto de petrolato, ya que sellará tu tatuaje, evitando que entre en contacto con el aire que necesita para sanar. Además la crema de petrolato puede atrapar gérmenes, provocar una infección, formar una gruesa costra y deslucir tu tatuaje.

Tras haber terminado de usar el ungüento antibacteriano continúa humedeciendo la costra con una loción en crema para la piel no grasosa. Nunca piques o jales las costras de tu tatuaje. Esto abrirá nuevamente la herida y te hará susceptible a una infección.

En un tatuaje nuevo, la tinta está muy cerca de la superficie de la piel. Cuando picoteas la costra, lo que picas es la tinta fuera de tu piel. Cuando las costras sanen, la piel de tu tatuaje estará seca y se despellejará. No peles la piel seca de tu tatuaje. Deja que la naturaleza se encargue de eso. De otra forma, existe la posibilidad de que se abra nuevamente la herida, exponiéndote a una infección. Evita exponer tu tatuaje directamente al sol durante cuatro semanas. Cinco minutos bajo la luz del sol pueden ser suficientes para provocar una reacción alérgica y desteñir sus colores. Aunque no tengas un tatuaje, es recomendable utilizar crema bloqueadora cuando te expongas directamente al sol.

No te metas a una bañera caliente ni nades en una alberca hasta que hayas dejado de despellejar. Nadar o sumergirte en agua secará por completo el tatuaje y alargará el proceso de recuperación. Además, la mayoría de las piscinas son lugares públicos, por lo que los gérmenes de otras personas pueden permanecer en el agua e infectarte. Cuando salgas de la ducha, deberás secar cuidadosamente tu tatuaje aplicando palmadas con una toalla limpia. Luego aplica el ungüento antibacteriano o la loción hidratante dependiendo del momento de recuperación en el que te encuentres.

Cómo evitar la infección en un piercing

Al igual que un tatuaje, los piercings exponen tu cuerpo a las infecciones. Además, involucran la inserción de un objeto extraño en tu piel, que puede ser aceptado o rechazado por tu cuerpo. Como consecuencia, tu nuevo piercing debe mantenerse limpio en todo momento. Siempre lávate las manos antes de tocar o limpiar el piercing y no permitas que nadie lo toque durante el tiempo de curación. Debes lavar tu piercing al menos tres veces al día con un jabón antibacteriano. Lava suavemente el área alrededor de la perforación y asegúrate de quitar las formaciones costrosas tanto en la perforación como en la pieza de joyería. Enjuaga el área con jabón y luego sécala con palmadas suaves. Aunque el jabón debe mantener limpia la zona, también puedes aplicar ungüento antibacteriano. De cualquier manera no es muy recomendable utilizar ungüentos con frecuencia porque éstos tienden a mantener alejado el aire del área perforada. Después de hacer ejercicio, asegúrate de limpiar todo el sudor del área del piercing, ya que de otra manera podría irritarse.

Algunos piercings requieren de un cuidado especial. Pregunta a tu piercer las instrucciones específicas para tu perforación corporal. Nunca uses alcohol o peróxido de hidrógeno para limpiario; estas substancias pueden decolorar la joya y secarán tu piel, previniendo el alivio. En cambio, humedecerlo con agua salada puede acelerar el tiempo de curación y suavizar las superficies con costra.

Viste ropa amplia y limpia durante el proceso de curación. Si te has hecho un piercing de ombligo, no uses cinturones gruesos, pantimedias o mallas, y nunca duermas sobre tu estómago.

Una buena circulación de aire es crucial para sanar apropiadamente. Además asegúrate de cambiar las sábanas cada semana para evitar gérmenes y bacteria. Si te has hecho un piercing en la oreja, limpia tu teléfono y anteojos con Lysol en aerosol o alcohol. Lava con agua y jabón la parte de tus anteojos que toca tus oídos. Si el lóbulo o cartílago de tu oreja ha sido perforado, evita usar maquillaje alrededor de tu rostro durante el tiempo en que el piercing tarda en sanar.

Tu piel puede sanar sobre la joya, lo que causa un doloroso y poco atractivo piercing. Es por eso que debes hacer girar la argolla en su perforación al menos tres o cuatro veces diarias. Para esto debes lavarte las manos y luego girar la argolla con suavidad durante cinco ocasiones. Si tu piercing se encuentra en la lengua o los labios, enjuágate la boca con agua salada o enjuague bucal sin alcohol después de cada comida.

Evita las albercas y bañeras durante las dos primeras semanas. Los gérmenes de otros bañistas pueden permanecer en el agua e infectarte.

Recuerda que el tiempo de recuperación puede variar de entre cuatro semanas a seis meses. Cualquier medida que tomes para acelerar el proceso será de tu beneficio.

Capítulo
7

Alternativas al tatuaje y piercing

Con la popularidad de los tatuajes y el body piercing han surgido muchos productos que te permiten participar de la moda sin que tengas que tatuarte o hacerte una perforación.

Los tatuajes temporales, muy similares a los que usabas de pequeño, pero mucho mejores, se han vuelto muy populares, y actualmente hay una amplia variedad de diseños disponibles en muchos lugares.

Los colores de los tatuajes temporales han mejorado mucho y ahora son más brillantes. Además son una alternativa barata y segura a los tatuajes permanentes.

La henna, o mehndi, es una manifestación de arte corporal que viene de una tradición tan antigua como la

Si no deseas marcar tu cuerpo permanentemente, los diseños de henna, o mehndi, son una alternativa atractiva y segura.

del tatuaje. Recientemente se ha hecho muy popular entre los jóvenes estadounidenses, debido en parte a que Madonna comenzó a usar diseños henna en sus videos y conciertos. La henna se asocia generalmente con las mujeres, y se utilizaba con frecuencia para registrar un evento en particular, como el matrimonio.

La henna no produce dolor y es un proceso poco costoso que implica la aplicación de una pasta de color verde olivo hecha de las hojas de la planta de henna. La pasta se aplica directamente sobre la piel en cualquier dibujo o diseño. La pasta seca después de una hora, y tras cepillarla de tu piel, revela el diseño en color naranja. Días más tarde, el color comienza a oscurecerse hasta dar un tono café oscuro.

En los Estados Unidos el tatuaje henna se considera "temporal", pero no debe confundirse con los tatuajes adhesivos. Algunas personas que desean hacerse un tatuaje pero no están muy seguras sobre los resultados utilizan henna para probar el diseño que quieren en su cuerpo.

Además, con la henna podrías utilizar tu cuerpo como lienzo borrable, aplicando diferentes diseños cada tres o cuatro semanas.

Por otra parte, la joyería corporal sin necesidad de perforaciones se ha hecho muy popular. Aretes y anillos de *clip* para la nariz y el ombligo se encuentran

Debes pensar muy bien en todas las posibilidades y consecuencias antes de hacerte un tatuaje o piercing.

ampliamente disponibles. Pendientes magnéticos, que aparentan ser piercings pero que se sujetan por medio de imanes, se pueden colocar en orejas, labios, nariz y lengua. Estas joyas cuestan menos que un piercing y te dan la oportunidad de participar de la moda sin hacer ninguna perforación en tu cuerpo y correr el riesgo de infecciones y cicatrices.

Actualmente muchas personas consideran la posibilidad de hacerse una decoración corporal. Por eso es importante pensar en todas las posibles consecuencias antes de hacerlo, tales como contraer una enfermedad de origen sanguíneo como el SIDA, contraer una infección o que tu cuerpo rechace el piercing, la posibilidad de que cuando la moda cambie puedas querer deshacerte de ellos o que te afecten negativamente en el futuro, y el hecho de que quitarlos es muy costoso.

Si después de considerar cuidadosamente toda la información, aún decides hacerte un tatuaje o piercing, hazlo con cuidado, por el bien de tu salud. Si decides que el tatuaje o el piercing no son para ti, entonces debes considerar otras alternativas que no requieren de perforar tu piel o de hacer una marca permanente en tu cuerpo.

Es tu cuerpo y tu decisión. De ti depende cuidarte con prudencia.

Glosario

autoclave Aparato que se utiliza para la esterilización bajo presión y a temperaturas elevadas de instrumental quirúrgico como el que se usa para el tatuaje y el piercing.

flash Selección de diseños de tatuaje que cuelga de las paredes de los estudios.

gangrena Muerte de los tejidos blandos debido a la falta de circulación sanguínea.

hepatitis Aguda enfermedad viral que produce la inflamación del hígado.

higiene Limpieza personal; práctica para conservar la salud.

pierce Palabra inglesa que significa perforar, agujerear.

piercer Persona que realiza body piercings.

piercing, body Hacerse agujeros en el cuerpo con fines decorativos o estéticos.

rito de pasaje Ceremonia que marca un evento importante en la vida de una persona.

scratchers Palabra inglesa que significa rasguñadores. El término define a un tatuador improvisado o poco profesional.

septo La parte de la nariz que separa las dos fosas nasales. Conocido como tabique nasal.

SIDA Síndrome de Inmunodeficiencia Adquirida.

sífilis Enfermedad de transmisión sanguínea que no puede ser completamente curada.

tétanos Enfermedad infecciosa generalmente provocada por una herida abierta.

tuberculosis Enfermedad infecciosa que ataca los pulmones y que puede resultar mortal.

VIH Virus de Inmunodeficiencia Humana. Virus que causa el SIDA.

Dónde
obtener
ayuda

En los Estados Unidos

Asociación de tatuadores profesionales
Alliance of Professional Tattooists
428 Fourth Street, Unit 3
Annapolis, MD 21403
(410) 216-9630
mail: info@safetatoos.com
Web site: http://www.safetattoos.com

Sociedad norteamericana de cirugía dermatológica
American Society for Dermatologic Surgery (ASDS)
9930 Meacham Road
Schaumburg, IL 60173-6016
(800) 441-2737
Web site: http://www.asds-net.org

Asociación de piercers profesionales
Association of Professional Piercers
PMB 286
5446 Peachtree Industrial Boulevard
Chamblee, GA 30341
(888) 555-4APP (4277)
Web site: http://www.safepiercing.org

El departamento de salud de tu estado es una exce-
lente fuente de información sobre los peligros del
tatuaje y el body piercing. Busca en tu directorio local
(White Pages) las direcciones y números telefónicos.

En Canadá

Health Canada
A.L. 0904A
Ottawa, ON K1A 0K9
(613) 957-2991
Web site: http://www.hc-sc.gc.ca

Visita a un dermatólogo si tienes alguna pregunta
sobre el cuidado de los tatuajes y el body piercing, o si
tienes cualquier problema con éstos. Si tienes preguntas sobre cómo eliminarlos, debes consultar a un cirujano plástico.

Páginas de Internet

Información general sobre tatuajes, piercing, modificaciones corporales, henna, salud, seguridad, estudios, directorios, artículos y librerías:

En español

Tatuajes.com
http://www.tatuajes.com

Henna
http://habitantes.elsitio.com/mehndy/

En inglés

Alliance of Professional Tattooists
http://www.safetattoos.com

Tat2duck.Com
http://www.angelfire.com/ct/Tat2Duck/index.html

Tattoodocs.Com
http://www.tattoodocs.com

Eliminación de tatuajes

Marshall Brain's How Stuff Works
http://www.howstuffworks.com/tattoo-removal.html

Sugerencias de lectura

En español

Marron, Aileen. *Arte del tatuaje con henna.*
  Editorial Océano, 2000.
Vásquez Montalbán, Manuel. *Tatuaje.*
  Editorial Planeta, 1995.

En inglés

Bish, Barry. *Body Art Chic: The First Step-by-Step
  Guide to Body Painting, Temporary Tattoos,
  Piercing, Hair Designs, Nail Art.* North Pomfret,
  VT: Trafalgar Square Publishing, 1999.
Camphausen, Rufus C. *Return of the Tribal: A
  Celebration of Body Adornment.* Rochester, VT:
  Park Street Press, 1997.

Graves, Bonnie B. *Tattooing and Body Piercing.*
Mankato, MN: LifeMatters, 2000.

Kaplan, Leslie S. *Coping with Peer Pressure.* Rev. ed.
New York: The Rosen Publishing Group, Inc., 1999.

Krakow, Amy. *The Total Tattoo Book.* New York:
Warner Books, 1994.

Miller, Jean-Chris. *The Body Art Book: A Complete,
Illustrated Guide to Tattoos, Piercings, and Other
Body Modifications.* New York: The Berkeley
Publishing Group, 1997.

Taylor, Barbara. *Everything You Need to Know About
AIDS.* Rev. ed. New York: The Rosen Publishing
Group, Inc., 1998.

Weiss, Stefanie Iris. *Everything You Need to Know
About Mehndi, Temporary Tattoos, and Other
Temporary Body Art.* New York: The Rosen
Publishing Group, Inc., 2000.

Índice

Acerca del autor

Laura Reybold es escritora freelance. Vive y trabaja en Nueva York.

Créditos fotográficos

Cover © Yellow Dog Productions/Imagebank; p. 2 © The Image Works; p. 8 © Everett Collection/Robert Hepler; pp. 13, 21, 22, 35, 36, 44, 53 by Maura Boruchow; p. 16 © Charles and Josette Lenars/Corbis; p. 19 © Alan Becker/Imagebank; p. 26 © David Paul Productions/Imagebank; pp. 29, 41 © Custom Medical; p. 51 © John Eastcott/Yva Momatiuk/The Image Works.

Diseño

Nelson Sá